AMÉRICA SALVAJE

EL MAPACHE

Por Lee Jacobs

BLACKBIRCH®
PRESS

THOMSON
GALE

San Diego • Detroit • New York • San Francisco • Cleveland • New Haven, Conn. • Waterville, Maine • London • Munich

THOMSON
——★——™
GALE

*Para
Lonnie
Pervos*

For more information, contact
The Gale Group, Inc.
27500 Drake Rd.
Farmington Hills, MI 48331-3535
Or you can visit our Internet site at http: www.gale.com

Photo Credits: Cover, pages 5, 12, 15, 19, 20, 23 © Tom & Pat Leeson Nature Wildlife Photography; page 4 © Digital Stock; back cover, pages 3, 6, 7, 8, 10, 11, 14 © Corel; pages 8, 9, 16-17, 20 © PhotoDisc; pages 13, 22 © Thomas Kitchin & Victoria Hurst; page 18 © Art Today; page 21 © CORBIS

LIBRARY OF CONGRESS CATALOGING-IN-PUBLICATION DATA

Jacobs, Lee.
  Raccoon / by Lee Jacobs.
      p. cm. — (Wild America)
Includes bibliographical references.
Summary: Examines the raccoon's environment, anatomy, social life,
mating, babies, and encounters with humans.
   ISBN 1-4103-0279-2 (hardcover : alk. paper)
  1. Raccoons—Juvenile literature. [1. Raccoons.] I. Title. II.
Series.
  QL737.C26 J33 2003
  599.76'32—dc21
                                      2002002474

Printed in United States
10 9 8 7 6 5 4 3 2 1

Contenido

Introducción

El mapache común se ve frecuentemente en los patios traseros por todo Norteamérica. En Canadá se encuentran desde Nova Scotia hasta British Colombia. Los mapaches viven en todas partes de los Estados Unidos menos en algunas partes del desierto del Great Basin y en las Montañas Rocallosas. Los mapaches prefieren vivir en las zonas costeras porque necesitan reservas de agua.

Una especie en la misma familia que el mapache común, el mapache de las tres marías, vive en partes de México, Centroamérica, y partes norteñas de Sudamérica. Este mapache es un poco más grande que el mapache común. Su pelo es más corto y menos grueso.

Los mapaches se ven con frecuencia en todas partes de Norteamérica.

Los mapaches comunes y los mapaches de tres marías pertenecen a la familia científica Procyonidae. Otros miembros de esta familia incluyen el coatí, el kinkajou, y el cacomistle. El panda rojo pertenecía a la familia de los mapaches, pero hoy los científicos lo clasifican en una familia diferente.

El nombre del mapache en inglés es "raccoon". Este nombre proviene de la palabra Algonquina "aroughcoune." Esta palabra significa "el que rasca con las manos." Estos animales se llaman apropiadamente. Los mapaches comunes tienen manos ágiles que usan de manera casi tan eficaz como los monos usan las suyas. Los mapaches por lo general viven aproximadamente 4 ó 5 años, pero algunos pueden vivir de 10 a 12 años.

Los mapaches pertenecen a la misma familia que el kinkajou (arriba izquierda) y el coatí (arriba derecha).

El Hábitat del Mapache

A los mapaches les gusta vivir cerca del agua.

Los mapaches viven en casi cualquier lugar donde se encuentran reservas de agua. Les encanta el agua y son excelentes nadadores. Los mapaches hacen sus casas en bosques o cerca de ríos, lagos, pantanos, y ciénagas. Prefieren vivir en árboles y buscan árboles huecos o troncos caídos. El cuerpo del mapache está bien diseñado para trepar. Tiene afiladas garras delanteras y traseras que le ayudan a agarrar cosas mientras está trepando. Los mapaches pasan mucho tiempo muy encima de la tierra. No les duele si se caen. Una caída de 35 a 40 pies (11 a 12 metros) no le molesta al mapache. Hasta pueden bajarse de un árbol hacia delante o atrás, algo que la mayoría de los animales no pueden hacer.

Arriba: A los mapaches les gusta estar muy encima de la tierra. **Abajo:** Los mapaches a veces cazan durante el invierno, pero almacenan grasa corporal para poder sobrevivir sin comida.

Los mapaches no construyen sus propias guaridas. A veces usan casas subterráneas abandonadas hechas por zorros, tejones, mofetas, y otros animales pequeños. Estas madrigueras les ofrecen protección de los depredadores (animales que cazan a otros animales para comida) como el lince rojo y los búhos cornudos. Los mapaches también pueden vivir cómodamente cerca de las comunidades humanas. Encuentran bastante comida donde la gente la deja. Los mapaches son animales nocturnos. Esto significa que están activos por la noche y duermen durante el día. Ellos no invernan (duermen durante el invierno), pero si pasan días y hasta semanas durmiendo en sus guaridas de invierno. Los mapaches a veces cazan comida en el invierno, pero no es necesario. Guardan suficiente grasa en sus cuerpos para sobrevivir sin comer durante los meses de invierno.

El Cuerpo del Mapache

El típico mapache adulto pesa entre 10 y 30 libras (5 a 14 kilogramos). Un macho puede pesar hasta 45 libras (21 kilogramos). Generalmente miden de 9 a 12 pulgadas (23 a 30 centímetros) de altura. La longitud del mapache adulto es de 18 a 28 pulgadas (46 a 71 centímetros). Una cola larga y peluda agrega otras 8 a 12 pulgadas (20 a 30 centímetros). La cola del mapache está rodeada de anillos negros. La mayoría de las colas de los mapaches tienen de 5 a 7 anillos.

Los mapaches tienen pequeñas narices negras, bigotes similares a los del gato, y dientes muy afilados. Sus orejas son puntiagudas con puntas y bordes blancos. Los mapaches caminan moviendo las caderas de un lado al otro porque tienen patas cortas y cuerpos rollizos. El color de su pelo generalmente es gris o café, excepto la máscara de pelo negro en su cara. Esta máscara está delineada de color blanco.

Derecha (arriba y abajo): Colas rodeadas de negro, bigotes, y orejas puntiagudas son características comunes de los mapaches.

8

Las patas delanteras del mapache son parecidas a manos humanas.

El pelo de la panza por lo general tiene un tono más claro. Cuando se acerca el invierno, a los mapaches que viven en lugares más fríos les crece una capa de pelo grueso que los mantiene calientes.

Las pisadas del mapache se identifican fácilmente porque las patas delanteras del mapache son mucho más pequeñas que las traseras. Las patas delanteras miden aproximadamente 2 pulgadas (5 centímetros) de largo, mientras las patas traseras miden aproximadamente 4 pulgadas (10 centímetros) de largo. Los mapaches no tienen pelo en las palmas de sus patas. Sus garras no son retractables. Esto significa que sus garras siempre están extendidas—no pueden retractarlas hacia adentro de sus patas como lo hace el gato. Los mapaches son parecidos al hombre en algunas formas. Los mapaches tienen 5 dedos distintos en las patas. También caminan con las patas planas, como el oso y el hombre. Algunas pisadas pueden parecer casi humanas. Las pisadas de las patas delanteras son parecidas a la forma de una mano humana. Las patas traseras dejan pisadas que parecen pequeños pies humanos con dedos largos.

La Vida Social

La mayoría de los mapaches viven solos.

Los mapaches machos generalmente son solitarios. Las hembras viven solas, excepto cuando crían a sus crías. Las hembras y sus crías viven en un grupo. Después de un año, las crías se marchan a fin de encontrar sus propios hogares. Generalmente los mapaches no viajan más de lo necesario para encontrar comida. Pero el macho viajará millas cuando quiere aparearse.

A pesar de que les gusta vivir solos, los mapaches no guardan su territorio. La zona que habita un mapache mide entre 0.5 y 2 millas (0.8 a 3 kilómetros). Esta región muchas veces se superpone con la región de otros mapaches. Animales que viven cerca muy a menudo crean un área común para sus excrementos. Estas áreas se llaman letrinas.

Los mapaches se comunican por medio de una variedad de llamados diferentes. Si un mapache está enojado, asustado por algo, o quiere advertirle a otro animal del peligro, puede ser que ladre, silbe, o resople. Estos llamados de comunicación son importantes en un bosque denso en que los animales no se puedan ver uno al otro. Los mapaches también pueden ronronear cuando están contentos y gemir cuando están heridos.

La mayoría de los mapaches se comunican por medio de llamadas vocales y sonidos.

Cazadores y Asaltantes

Los mapaches se clasifican como carnívoros (comen carne) dentro del reino animal. Pero en realidad son omnívoros, lo que significa que comen animales y plantas. Cangrejos, conejos, manzanas, uvas, ranas, caracoles, huevos de ave, nueces, saltamontes, orugas, maíz, semillas, y hasta hot dogs y hamburguesas, todos son de los alimentos favoritos del mapache. Una de las razones por la que los mapaches pueden vivir en tantos ambientes diferentes es que pueden comer diferentes tipos de comida. Cuando su comida favorita no está disponible, un mapache hambriento puede comer casi cualquier cosa que le ofrezca nutrición.

Los mapaches comen una amplia variedad de plantas y animales.

Como todos los animales nocturnos, los mapaches son más activos por la noche.

Como otros animales nocturnos, el mapache tiene buena vista y oye muy bien. Esto le ayuda a encontrar comida en la oscuridad. Los mapaches usan sus expertas manos para desenterrar almejas, pescar peces, coger bayas, robar huevos, y hacer muchas otras cosas. ¡Hasta pueden deshacer una soga, girar el pomo de una puerta, o abrir una nevera!

Esta página y opuesta: Los mapaches usan sus patas delanteras para agarrar comida y examinarla.

Si hay agua cerca, el mapache puede usar sus patas delanteras para bañar su comida varias veces antes de comérsela. La gente pensaba que los mapaches estaban limpiando su comida. Los científicos creen hoy que los mapaches utilizan las manos para quitar las partes de la comida que no les parece apetitosas. Esto lo hacen principalmente con comida como cangrejos que han capturado en el agua. Pero a veces hacen esto con la comida que encontraron en la tierra. Algunos científicos creen que esto puede ser su versión de "jugar con la comida."

El Juego de Apareamiento

Los mapaches solamente se aparean durante la época de celo. La época de celo tiene lugar entre enero y marzo. La mayoría de las hembras pueden aparearse después de cumplir un año de edad. Los machos están listos al cumplir 2 años. Una hembra se aparea con un solo macho durante la época de celo. Pero los machos se aparean con varias hembras durante cada época. El macho no se queda con la hembra por mucho tiempo después del apareamiento. Sin embargo, algunos machos se quedan con la hembra por hasta una semana. Los machos no ayudan a criar los bebés cuando nacen.

Los machos y las hembras típicamente se aparean entre enero y marzo.

Criando a las Crías

Las hembras embarazadas pasan mucho tiempo descansando en el invierno antes de dar a luz en la primavera. Las hembras buscan guaridas cálidas que les ofrecen protección del peligro de depredadores. A veces la hembra encuentra una madriguera abandonada hecha por una marmota grande de América u otro animal pequeño y se queda allí. Una hembra está embarazada aproximadamente 65 días antes de dar a luz a sus crías. Los bebés se llaman "kits" en inglés. Las madres dan a luz 4 ó 5 crías una vez al año. Pero sus camadas pueden ser tan pequeñas como un bebé o tan grandes como siete.

Los mapaches bebés nacen con los ojos cerrados—los abren 21 días después de nacer.

Los bebés, o "kits" en inglés, son pequeños al nacer—solamente miden aproximadamente 4 pulgadas (10 centímetros) de largo y pesan 2 onzas (57 gramos) cada uno. Nacen con los ojos cerrados. Sus ojos se abren a los 21 días de edad. Los bebés también nacen con una capa delgada de pelo. La máscara negra de pelo en su cara es tenue al principio y se oscurece conforme el pelo se espesa. La madre amamanta a sus bebés durante las primeras 16 semanas.

Al principio los bebés se quedan en la guarida con su madre. Esto les ofrece protección de depredadores como búhos, águilas, zorros, o coyotes. Los bebés recién nacidos muchas veces se escuchan como polluelos llamando a su mamá. Pronto, la madre tiene que encontrar una casa lo suficientemente grande para sus crecientes crías.

Ella regresa a la guarida para llevárselos. Usando su boca, los levanta uno por uno por la parte trasera del cuello y los transporta a la nueva guarida familiar.

Trepar y jugar es una parte importante de la vida del joven mapache.

19

Las crías empiezan a caminar entre las 4 y 6 semanas. A los dos meses de edad pueden correr y aprenden a trepar por los árboles. También pueden hacer sonidos de adultos como las señales de alerta, sonidos de pelea, y otro tipo de sonidos comunicativos. Ahora los bebés están listos para aprender a cazar. Empiezan a seguir a su madre en los viajes de cacería. Puede ser que los bebés se queden con su madre por aproximadamente un año antes de marcharse a fin de encontrar su propio territorio.

Arriba e izquierda: Alrededor de los dos meses de edad, los bebés son capaces de seguir a su madre en viajes de cacería.

Los jóvenes bebés
tienen que aprender a
trepar con habilidad.

Los Mapaches y El Hombre

Los depredadores naturales del mapache, como el lince, el puma, el lobo gris, y el coyote, ya no se encuentran en mucho del territorio del mapache. Pero los mapaches tienen mucho que temer del hombre. Los automóviles muy a menudo matan a los mapaches. El hombre también cazaba el mapache por su piel hasta los años treintas, cuando el pelaje del mapache dejó de estar a la moda. Pero la caza de los mapaches como deporte todavía es popular en algunas partes de los Estados Unidos.

Los mapaches han aprendido a vivir cerca del hombre. Sin embargo, el hombre muy a menudo los considera como animales dañinos.

El mapache también puede causar problemas para el hombre. Los mapaches se meten a la mayoría de los basureros—aunque estén bien cerrados. ¡Los mapaches esparcen basura a través de muchos patios traseros en los Estado Unidos! Una hembra puede mudarse en una chimenea para dar a luz a sus crías. Sin embargo, no se quedará allí mucho tiempo. Pronto mudará a sus bebes a una nueva ubicación.

Los mapaches también causan daño en milpas, huertos, jardines, gallineros, y otros lugares donde la gente cultiva alimentos. Un campo sembrado de elote medio comido es una señal para cualquier granjero de que los mapaches le están robando sus cultivos.

Mucha gente también se preocupa de infectarse con rabia de los mapaches. La rabia es una enfermedad causada por un virus. Generalmente sólo infecta a los animales salvajes. Pero un perro o un gato puede pelearse con un animal infectado. Si el animal infectado muerde a la mascota, la mascota también se puede infectar del virus. Las personas que vivían al este de los Estados Unidos a principios de los años noventas se asustaban debido a la rabia. Hubo un brote y miles de mapaches murieron. Hoy en día, no se preocupa por esto porque la mayoría de los perros y gatos se vacunan contra la rabia. Nunca se ha reportado un caso de una persona infectada de rabia por un mapache.

Aunque los mapaches se encuentran en los patios traseros, es importante recordar que son animales salvajes. Se ven chulos y adorables, pero se deben tratarlos con el mismo respeto que se le da a cualquier otro animal salvaje. Es mejor dejarlos en paz.

Glosario

carnívoro animales que comen principalmente carne

depredador un animal que caza otros animales como comida

invernar dormirse durante el invierno

"kit" en inglés el mapache bebé

nocturno un animal que duerme durante el día y es activo de noche

omnívoro animales que comen plantas y otros animales

retractar retraer algo, como las garras

"scat" en inglés, excremento del mapache

Para Más Información

Libros

Fowler, Alan. *Raccoons* (Rookie Read-About-Science). Chicago, IL: Childrens Press, 2000.

Merrick, Patrick. *Raccoons* (Naturebook). Chanhassen, MN: Child's World, 1999.

Nelson, Kristin L. *Clever Raccoons*. Minneapolis, MN: Lerner, 2000.

Swanson, Diane. *Welcome to the World of Raccoons*. Portland, OR: Graphic Arts Center Publishing, 1998.

Índice